30 Minutos

Manual práctico:
verbos en inglés

Date: 2/7/19

© de esta edición:
Editorial Alma Europa S.L., 2015
Av. Diagonal n.º 440, 1.º 1.ª
08037 Barcelona
info@editorialalma.com
www.editorialalma.com

Diseño de colección: Gabal Verlag GmbH

Redacción de textos: © María Luisa Millán
Edición y maquetación: LocTeam, Barcelona

Impresión y encuadernación: Tallers Gràfics Soler, Barcelona

ISBN 978-84-15618-27-0
Depósito legal: B-13793-2015

Impreso en España
Printed in Spain

Aprender fácilmente en 30 minutos

Este libro está pensado para que pueda asimilar información rigurosa y concisa en muy poco tiempo. Gracias a sus pautas y esquemas, podrá recorrer estas páginas en función de su disponibilidad (de 10 a 30 minutos) y retener lo fundamental.

Guía de lectura rápida

Podrá leer el libro entero en tan solo 30 minutos. Si dispone de menos tiempo, lea únicamente los apartados que contienen información relevante para usted.

- La información importante está resaltada en color azul.

- Al comienzo de cada capítulo figuran varias preguntas clave que remiten a un número de página para facilitar la orientación. De este modo, puede acceder directamente a la página que más le interese.

- *Cada capítulo contiene varios resúmenes que le permitirán leer en diagonal.*

- Al final del libro encontrará una sinopsis con los aspectos más importantes.

- Un índice temático al final del libro le facilitará las consultas.

Índice

Prólogo

Tal vez se pregunte por qué es necesario conocer el sistema verbal inglés. Al fin y al cabo, si lo que quiere es poder comunicarse en cualquier lengua, puede hacerlo usando simplemente palabras sin tener en cuenta la gramática. Pero de ese modo lo que dijera no estaría cien por cien claro, y es importante que sea correcto para evitar malentendidos, confusión o errores en la comunicación.

Imagine una fotografía borrosa o pixelada: podemos intuir qué aparece en ella pero ciertos detalles se escaparán a nuestra mirada. Esa misma fotografía perfectamente nítida nos hará llegar el color, la luz, los detalles, etc. Eso mismo es la gramática: nitidez en el mensaje.

Todas las oraciones necesitan un verbo. El verbo facilita información imprescindible al interlocutor: qué sucede, el tiempo en el que ocurre la acción, si se trata de una acción habitual o momentánea, si afecta al presente, si es un plan futuro o una decisión instantánea, etc.

Al principio, el sistema verbal inglés puede parecer un poco extraño: gerundios que se traducen como infinitivos, tiempos que se refieren al pasado o al futuro y que, sin embargo, se llaman *present*... Pero, a pesar de esa inicial y aparente confusión, es bastante simple en cuanto a la forma y los usos, especialmente si lo comparamos con otras lenguas como el castellano, y sus reglas de uso están muy claras y definidas.

Con esta guía práctica, como estudiante principiante o de nivel intermedio, tendrá un primer acercamiento a las formas y usos básicos del sistema verbal inglés americano. No obstante, mencionaremos las diferencias más relevantes con el inglés británico y aportaremos ejemplos para ilustrarlas.

Será el propio estudiante el que decida por qué capítulo comenzar, pues, aunque los capítulos se ordenan por grados de dificultad, cada uno de ellos puede ser abordado independientemente según las necesidades del estudiante.

Cada uno de los puntos tratados se acompaña de ejemplos y excepciones a los que el aprendiz debe prestar atención. Además, no solo entenderá cómo funcionan los verbos, sino que diferenciará entre sus usos específicos, sabrá cuándo usar uno u otro tiempo, aprenderá los verbos irregulares más comunes y, en definitiva, podrá comunicarse de forma mucho más efectiva.

30 MINUTOS

1. Las formas no personales del verbo

Al igual que en español, los verbos en inglés presentan tanto formas personales, que conjugamos según el sujeto y que nos dicen quién realiza la acción, en qué momento, etc. *(nosotros escribimos)*, así como formas no personales *(escribir, escribiendo, escrito)*.

Las formas no personales son el infinitivo, que a diferencia del español no presenta desinencias sino que normalmente irá precedido de la partícula to *(to write)*; el gerundio, con la terminación *–ing (writing);* y el participio *(written)* que presenta formas regulares e irregulares según el verbo.

En este primer capítulo podrá aprender a usar las diferentes formas no personales del verbo correctamente.

1.1 El infinitivo

El infinitivo en inglés puede presentar dos formas: *full infinitive,* si va acompañado de la partícula *to (to speak – hablar),* o *bare infinitive,* si lo encontramos simplemente con su forma base *(speak – hablar).* Aunque ambas formas correspondan a una misma en español, tenemos que tener en cuenta que en inglés debemos usar una u otra según el contexto en que aparezca el infinitivo en cuestión.

1.2 El gerundio

El gerundio es la forma terminada en *–ing* que aparece en todos los tiempos continuos en inglés. Equivale a nuestro gerundio terminado en *–ando (hablando)* o *–iendo (escribiendo).* Esta misma forma, aunque con diferente uso, puede aparecer en otros contextos que estudiaremos más adelante.

Al añadir el sufijo *–ing* al verbo, debe tener en cuenta algunos cambios en la ortografía. Por ejemplo, cuando un verbo acaba en consonante–vocal–consonante y la última sílaba es tónica, se dobla la consonante final *(cut – cutting, begin – beginning).* Verbos como *open – opening* no duplican la consonante porque *–pen* no es la sílaba tónica.

Verbos que simplemente añaden –ing	talk	talking
Verbos que terminan en –e	close	closing
Verbos que acaban en –ie	tie	tying
Verbos que duplican la última consonante*	forget	forgetting

Estas son algunas excepciones importantes que debe recordar:

- La –e no desaparece en los verbos que acaban en –ee. Por ejemplo: *agree – agreeing*.
- Cuando el verbo acaba en –w, –x o –y, no se duplica esa última consonante al añadir el sufijo –ing. Por ejemplo: *fix – fixing, grow – growing, say – saying*.
- El inglés americano no duplica la –l final en verbos como *travel, signal* o *counsel*; sin embargo, el inglés británico sí, por lo que podemos encontrar *travelling, signalling* o *counselling*.

1.3 El participio

El participio es otra de las formas no personales que presenta el verbo tanto en inglés como en español.

En ambos idiomas usamos el participio para construir todos los tiempos perfectos. Equivale a nuestras formas del participio acabadas en *–ado (hablado)* e *–ido (leído)*, así como a las formas irregulares *(escrito, puesto, etc.)*. Veremos sus diferentes usos en los capítulos 4 y 5.

Como ya hemos mencionado anteriormente, en inglés tenemos verbos regulares y verbos irregulares. El participio de los verbos regulares se forma de la misma manera que el pasado simple, añadiendo *–ed,* como veremos más adelante en el capítulo dedicado al pasado. Los verbos irregulares no siguen esta regla para formar el participio y cada uno de ellos adopta una forma concreta (v. la tabla de verbos irregulares de las págs 78-83).

El participio en inglés puede funcionar como un adjetivo, pero a diferencia del español no concuerda con el sustantivo en género y número. Por ejemplo:

He had a broken arm – Tenía un brazo roto.

Broken es el participio del verbo *break – romper.* En este caso, además, como funciona como adjetivo, colocaremos el participio delante del nombre.

- *Las formas no personales de los verbos en inglés son el infinitivo, el gerundio y el participio.*

- *El infinitivo puede presentarse acompañado de la partícula* to (full infinitive), *o bien con su forma base* (bare infinitive): speak –hablar.

- *El gerundio se emplea para construir los tiempos continuos y se forma añadiendo el sufijo* –ing *al verbo. Algunos verbos pueden sufrir cambios ortográficos, según sea su terminación:* tie–tying.

- *El participio se emplea para construir los tiempos perfectos. Se forma añadiendo la terminación* –ed *al infinitivo. Los verbos irregulares no siguen ninguna regla para formar el participio y cada uno tiene una forma concreta.*

30 MINUTOS

2. Los verbos auxiliares

A diferencia del idioma castellano, el inglés posee un sistema verbal con pocas inflexiones, es decir, que usa una misma forma del verbo para todas las personas y todos los tiempos a excepción, como veremos más adelante, de la 3.ª persona del singular del presente *(–s),* y el pasado simple de los verbos irregulares.

En la mayoría de los casos, el auxiliar sirve para construir otros tiempos verbales, además de las formas negativas o interrogativas.

Auxiliar + Verbo
He's studying
I don't speak French
Where did she go?
You have gone
They weren't reading
You must leave at 8.00

2.1 El verbo *to be* como auxiliar

El verbo *to be* (*ser* o *estar*) se usa de la misma manera que en español. Ejemplos:

> *Rick is a bus driver – Rick es conductor de autobús*
> *It is an apple – Es una manzana*
> *You are not English – Tú no eres inglés*

Esta es la conjugación del verbo *to be* en presente:

AFIRMATIVA	NEGATIVA	INTERROGATIVA
I am/I'm	*I am not*	*Am I?*
You are/You're	*You are not*	*Are you?*
He is/He's	*He is not*	*Is he?*
She is/She's	*She is not*	*Is she?*
It is/It's	*It is not*	*Is it?*
We are/We're	*We are not*	*Are we?*
You are/You're	*You are not*	*Are you?*
They are/They're	*They are not*	*Are they?*

Como sucede con los demás verbos auxiliares, las formas negativas se forman añadiendo directamente la partícula *not* después del verbo y pueden contraerse de dos formas: *I'm not, you're not, she's not*, etc.; o bien *you aren't, she isn't*, etc., a excepción de la primera persona singular, que solo se contrae de la primera forma.

La interrogación se forma anteponiendo el verbo al sujeto: *Are you American?*

¿Para qué usamos el verbo to be?

Utilizamos el verbo *to be* para presentarnos y presentar a otras personas.

I am		
You are		Nombre
She is		Nacionalidad
He is		Edad
It is	+	Profesión
		Estado civil
We are		Peso
You are		Adjetivos
They are		

Veamos algunos ejemplos:

I'm Paul and she is Laura – Yo soy Paul y ella es Laura
We're Irish – Somos irlandeses
I'm 32 and she is 31 – Yo tengo 32 años y ella tiene 31
I'm a teacher and she is a doctor – Yo soy profesor y ella es médica
We're married – Estamos casados
I'm shy – Soy tímido

También utilizamos el verbo *to be* para expresar cómo nos sentimos.

I'm	*bored*
You're	*cold*
She's	*happy*
He's	*hungry*
It's	*frightened*
We're	*tired*
You're	*surprised*
They're	*thirsty, worried*

Ejemplos:

I'm really cold – Tengo mucho frío
We're hungry – Tenemos hambre / estamos hambrientos
He's tired – Él está cansado
It's hot – Hace calor

Otro uso del verbo *to be* es describir qué hay en un lugar, empleando la palabra *there.*

There is – hay (presente singular) / *There are – hay* (presente plural)

Las formas negativas e interrogativas se forman de la misma manera que el verbo.
Por ejemplo:

There's a table in the room – Hay una mesa en la habitación
There aren't pencils on the table – No hay lápices sobre la mesa
Is there a hospital in the city? – ¿Hay un hospital en la ciudad?

La forma it + be

El pronombre *it* se utiliza para referirnos a una cosa o animal. Además, usamos la forma *it is*/*it's* en los siguientes casos:

⇨ Pedir y dar la hora.

What time is it? – ¿Qué hora es?
It's three o'clock – Son las tres en punto

⇨ Con expresiones de tiempo y distancia.

It's a long time since he left – Hace mucho que se fue
It's not far from the city – No está lejos de la ciudad

⇨ Para hablar del clima y la temperatura.

It's cold – Hace frío
It is windy – Hace viento

⇨ Para pedir y dar precios.

How much is it? – ¿Cuánto es?
It's 5 dollars – Son 5 dólares

En este último caso también podríamos preguntar: *How much does it cost?*, y la respuesta sería: *It's 5 dollars* o bien, *It costs 5 dollars.*

2.2 El verbo *to have* como auxiliar

To have usado como verbo auxiliar sirve para formar los tiempos perfectos que veremos en el capítulo 4. En su uso y significado equivale al auxiliar *haber* en español.

Esta es la conjugación del presente del verbo *to have*.

AFIRMATIVA	NEGATIVA	INTERROGATIVA
I have/I've	*I have not*	*Have I?*
You have/You've	*You have not*	*Have you?*
He has/He's	*He has not*	*Has he?*
She has/She's	*She has not*	*Has she?*
It has/It's	*It has not*	*Has it?*
We have/We've	*We have not*	*Have we?*
You have/You've	*You have not*	*Have you?*
They have/They've	*They have not*	*Have they?*

Las contracciones negativas del verbo *to have* son *hasn't* para *he, she, it* y *haven't* para el resto de personas.

¿Para qué se utiliza el auxiliar have?

No debemos confundir *have* como auxiliar y *have* como verbo cuando significa 'tener' o 'poseer'.

> *I have a car* – *Tengo un coche*
> *I don't have a car* – *No tengo coche*
> *Do you have a car?* – *¿Tienes coche?*

A diferencia del inglés americano, en inglés británico el verbo *have*, cuando se usa como 'tener' o 'poseer', puede ir acompañado de la partícula *got*, que no altera el significado pero que necesita de auxiliares en las formas negativas e interrogativas. Vea estos ejemplos:

> *I have got a car,* o bien apocopado *I've got a car* – *Tengo un coche*
> *I haven't got a car* – *No tengo coche*
> *Have you got a car?* – *¿Tienes coche?*

2.3 El verbo *to do* como auxiliar

El auxiliar *do* se usa para construir las formas negativa e interrogativa en presente simple y pasado simple de los verbos no auxiliares ni modales.

Do como auxiliar presenta tres formas: *do* (presente), *does* (presente, 3.ª persona singular) y *did* (pasado). No se debe confundir *do* auxiliar con *do* cuando aparece como verbo, en cuyo caso se traduce por 'hacer'.

Esta es la conjugación en presente del auxiliar *do:*

AFIRMATIVA	NEGATIVA	INTERROGATIVA
I do	*I do not*	*Do I?*
You do	*You do not/*	*Do you?*
He does	*He does not*	*Does he?*
She does	*She does not*	*Does she?*
It does	*It does not*	*Does it?*
We do	*We do not*	*Do we?*
You do	*You do not*	*Do you?*
They do	*They do not*	*Do they?*

Se pueden utilizar las contracciones *don't* y *doesn't* para la forma negativa.

¿Para qué usamos el auxiliar do / does / did?

Como hemos visto, el auxiliar *do* se usa para construir las formas negativas e interrogativas del presente y del pasado simple. Estos son algunos ejemplos:

Do they speak German? – ¿Hablan alemán?
She does not live in Paris – Ella no vive en París
They didn't watch the match – No vieron el partido

Si desea enfatizar lo que dice, puede usar el auxiliar *do*, que no se traduce y se coloca delante del verbo. Por ejemplo:

I do love running – Me encanta correr
She does speak English – Ella habla inglés

2.4 Los verbos auxiliares en las respuestas cortas y *question tags*

Una de las características del inglés es el uso del verbo auxiliar en las respuestas cortas, para evitar repetir toda la frase. Para responder con una forma corta, repetimos el sujeto y el auxiliar en forma afirmativa, si la respuesta es *sí*, y en forma negativa, si la respuesta es *no*.

Yes,	I do	No,	I don't
	she does		she doesn't
	we have		we haven't
	he has		he hasn't
	I did		I didn't

Do you speak English? Yes, I do–¿Hablas inglés? Sí (lo hablo)
Does Carol live in Spain? Yes, she does–¿Vive Carol en España? Sí

Responder simplemente *yes* o *no* sin el auxiliar es correcto, pero en determinadas situaciones puede resultar vulgar.

Question tags

Las llamadas *question tags* son preguntas cortas que añadimos solicitando acuerdo o confirmación del interlocutor. En español se suele añadir un *¿verdad?*, o *¿no es cierto?*, tras la frase. Pero ¿cómo se hace en inglés?

- En oraciones afirmativas se utiliza el auxiliar correspondiente en forma negativa + pronombre sujeto. Por ejemplo:

She speaks French, doesn't she? – Ella habla francés, ¿verdad?

You are Irish, aren't you? – Eres irlandés, ¿no es cierto?

- En oraciones negativas se utiliza el auxiliar correspondiente, pero en su forma afirmativa + pronombre sujeto. Por ejemplo:

She doesn't speak French, does she? – Ella no habla francés, ¿no es cierto?

Nick is not English, is he? – Nick no es inglés, ¿verdad?

- En inglés británico, en las respuestas cortas y *question tags* con *have got*, la partícula *got* no se utiliza.

Have you got a car? – ¿Tienes coche?

Yes, I have – Sí (lo tengo)

Para formar la mayoría de los tiempos verbales en inglés y también sus formas negativa e interrogativa, es necesario recurrir a los verbos auxiliares. El verbo auxiliar be *(en sus formas* am, is, are, *así como* was, were, *que se explicarán más adelante), por ejemplo, se usa para formar los tiempos continuos; y el auxiliar* have *(en sus formas* have, has, had), *para formar los tiempos perfectos.*

El verbo to be *sirve tanto para describir aspectos básicos de la realidad (estados, personalidad, edad, etc.), como para comunicar cuestiones como la hora o el tiempo. Combinado con la palabra* there *sirve para describir qué hay en un lugar. Sin embargo, si se utiliza como verbo auxiliar, ayuda a formar varios tiempos verbales.*

El auxiliar have *(has para la 3.ª persona y had para pasado) sirve para formar los tiempos perfectos de un verbo y, como ocurre con todos los verbos auxiliares, para responder con fórmulas cortas. No se debe confundir la forma* have *auxiliar con* have *verbo (que significa 'tener' o 'poseer').*

Los auxiliares do *(presente simple),* does *(presente simple, 3.ª persona del singular) y* did *(pasado simple) sirven para formar las oraciones negativas e interrogativas.*

También se usan los verbos auxiliares para no tener que repetir una frase en las respuestas cortas, para expresar acuerdo o desacuerdo, o para preguntarle a su interlocutor si lo está o no con lo que usted dice, en las llamadas question tags. *Se puede utilizar el verbo auxiliar correspondiente para responder a una pregunta acompañado simplemente de* yes *o* no.

30 MINUTOS

3. El presente

Para hablar en presente en inglés existen dos tiempos: el presente simple y el presente continuo. Dichos tiempos no presentan grandes dificultades ya que, a excepción de la 3.ª persona del singular, ninguna forma sufre cambios.

3.1 Presente simple

El presente simple *(I study – yo estudio)* es bastante parecido al español en cuanto al uso. Se forma con el verbo en infinitivo, y solo añade *–s* o *–es* a la 3.ª persona del singular.

I speak – Yo hablo
You speak – Tú hablas
He / She speaks – Él / Ella habla
We speak – Nosotros hablamos
You speak – Vosotros habláis
They speak – Ellos hablan
I wash – Yo lavo
You wash – Tú lavas
He / She washes – Él / Ella lava
We wash – Nosotros lavamos
You wash – Vosotros laváis
They wash – Ellos lavan

Para formar la 3.ª persona del singular en afirmativo, se añade –*s* al verbo. **Cuando el verbo acaba en** –*ss*, –*sh*, –*ch* o –*x* se añade –*es*. Finalmente, cuando el verbo acaba en consonante + –*y*, la *y* se transforma en *i* y se añade la terminación –*es*.

Verbo + –*s*		*eats*
Verbo + –*es*		*catches, kisses, mixes, washes*
Consonante + –*y*	–*ies*	*cry – cries, study – studies*
Vocal + –*y*	–*ys*	*play – plays*

Hay algunas excepciones a esta norma, como los verbos *have*, *go* o *do*, que forman la 3.ª persona de las siguientes maneras:

have – has   *go – goes*   *do – does*

La negación se forma añadiendo el auxiliar *do* más la partícula *not* delante del verbo: *do + not (don't)* o *does + not (doesn't)* en la 3.ª persona. Por ejemplo:

I do not (don't) eat – Yo no como
She does not (doesn't) eat – Ella no come

Observe que, una vez que añadimos el auxiliar *does*, la *–s* de la 3.ª persona desaparece.

Para la forma interrogativa también se utiliza el auxiliar *do*, que se pone al principio de la frase: *do* o *does* + sujeto + verbo. Por ejemplo:

Do you speak German? – ¿Hablas alemán?
Does he live in Berlin? – ¿Vive en Berlín?

¿Para qué se usa el presente simple?
⇨ Para hablar de hábitos, rutinas y costumbres.

I go to the gym everyday – Voy al gimnasio todos los días
She never goes to work by car – Ella nunca va al trabajo en coche

⇨ Para hablar de horarios.

The train leaves at 8.00 – El tren sale a las 8.00

⇨ Para hablar de verdades universales.

The sun rises everyday – El sol sale todos los días

⇨ Para contar historias, cuentos, chistes, retransmisiones deportivas, etc.

...Then the boy opens the door and sees a black cat –
... Entonces el niño abre la puerta y ve un gato negro

El presente simple para expresar frecuencia

Cuando se usa el presente simple para indicar la frecuencia con la que se hace algo, utilizamos un adverbio.

	never
0 %	*hardly ever*
	rarely
	occasionally
50 %	*sometimes*
	often
	regularly
100 %	*usually*
	always

I always read my emails in the morning – *Siempre leo mis e-mails por la mañana*

El adverbio de frecuencia se coloca entre el sujeto y el verbo, o detrás del verbo *to be*:

I hardly ever go to the cinema – *Casi nunca voy al cine*
They are always at home – *Ellos están siempre en casa*

También se pueden usar expresiones como *every year*, *once a week*, *on Sundays*, *every two days*, etc. En este caso, colocamos dichas expresiones al final de la oración:

I go to the dentist twice a year – *Voy al dentista dos veces al año*

Para preguntar por la frecuencia con la que se hace algo, podemos usar las siguientes fórmulas:

How often do you go to the dentist? – *¿Con qué frecuencia vas al dentista?*
Do you ever go to the dentist? – *¿Alguna vez vas al dentista?*

3.2 Presente continuo

El presente continuo en inglés, *I am studying*, equivale a nuestro presente continuo: *estoy estudiando*. Se forma con el verbo *to be* en presente + el verbo principal terminado en *–ing*, es decir, en gerundio.

She is studying French – Ella está estudiando francés

En la forma negativa es *be (am, is, are)* + *not* + verbo acabado en *–ing.*
La forma del verbo *to be* puede contraerse con el sujeto, o bien con la partícula negativa *not.*

They aren't writing – No están escribiendo
She's not speaking – Ella no está hablando

En la forma interrogativa es *be (am, is, are)* + sujeto + verbo acabado en *–ing.*

Is he crying? – ¿Está llorando?

¿Para qué se usa el presente continuo?

⇨ Para hablar de acciones que se están llevando a cabo en el momento en que se habla (acciones en proceso).

It's raining – Está lloviendo

I'm reading a book in English – Estoy leyendo un libro en inglés

⇨ Para hablar de situaciones temporales.

They are living in Italy – Están viviendo en Italia

We're staying at a hotel – Nos estamos alojando en un hotel

⇨ Para quejas sobre acciones que se repiten (normalmente acompañadas de *always*).

You are always complaining about the food – Siempre te estás quejando de la comida

They are always making noise – Siempre están haciendo ruido

Recuerde que *always* también se usa en presente simple para indicar con qué frecuencia hacemos algo. Comparemos estos dos usos para entenderlo mejor:

He is always away at weekends – Siempre está fuera los fines de semana (Es una rutina.)

He is always going away for weekends – Siempre se está yendo los fines de semana (Es una queja por algo que hace repetidas veces.)

⇨ Para acciones futuras planificadas, normalmente citas o acuerdos.

> *I'm meeting Agnes at 5.00 – Me reúno con Agnes a las 5.00*
>
> *They're playing tennis tomorrow – Juegan al tenis mañana*

Normalmente, cuando preguntamos a alguien por sus planes lo hacemos usando el presente continuo:

> *What are you doing next Saturday? – ¿Qué haces el sábado?* (Queremos saber cuáles son sus planes.)

Las expresiones temporales que se suelen usar son *now*, *at the moment*, *right now*, *these days*. También empleamos expresiones de futuro cuando hablamos de planes (*tomorrow*, *next week*, etc.). Además, como ya hemos visto, utilizamos *always* para referirnos a quejas.

El presente simple se usa para hablar de hábitos y rutinas, así como de verdades universales y horarios. Para formarlo tan solo debe tener en cuenta que la 3.ª persona del singular añade –s / –es y que necesitará los auxiliares do / does *para hacer preguntas o para negar. Puede, además, añadir adverbios para indicar la frecuencia.*

El presente continuo tampoco presenta dificultad alguna en cuanto a la forma: se usa el verbo to be *en la forma correspondiente y añadimos el verbo acabado en* –ing, *que corresponde al gerundio. Es importante conocer bien sus usos en inglés, ya que no siempre coinciden con los nuestros. Por ejemplo, en español nunca se usa el presente continuo para hablar de citas futuras.*

30 MINUTOS

4. El pasado

En inglés existen varias formas para referirse al pasado: pasado simple, pasado continuo, presente perfecto y pasado perfecto. En general, sus usos son bastante similares al español y la forma mucho más sencilla: como en inglés apenas hay inflexiones, un mismo auxiliar y una misma forma verbal sirven para configurar varios tiempos en varias personas.

4.1 Pasado simple

El **pasado simple** equivale a nuestro pretérito perfecto simple.

> *I ate – Comí*
> *I studied – Estudié*
> *I went – Fui*

En su forma afirmativa, los verbos regulares añaden la terminación *–ed* y los irregulares usan una forma propia cada uno. La misma forma se usa, además, para todas las personas.

I opened the window – Abrí la ventana
Charles went to the bank – Charles fue al banco

Al añadir el sufijo *–ed* a la raíz del verbo, tenga en cuenta que se pueden producir ciertos cambios ortográficos.

Verbos sin cambios en la raíz	*look*	*looked*
Verbos acabados en *–e*	*close*	*closed*
Verbos acabados en consonante + *–y*	*study*	*studied*
Verbos que duplican la consonante	*stop*	*stopped*

Se duplica la consonante siempre que se den dos requisitos:

• Que los verbos acaben con la estructura siguiente:

consonante – vocal – consonante

- Que la última sílaba del verbo en cuestión esté acentuada. Por ejemplo:

stop – stopped, hop – hopped, plan – planned

En la forma negativa, se añade *did + not (didn't) +* verbo, independientemente de que sean regulares o no. De este modo se pierde cualquier marca de pasado (es decir, *–ed* o forma irregular).

Charles didn't go to the bank – Charles no fue al banco

En la forma interrogativa, se añade *did* + sujeto + verbo sin marca de pasado.

Did Paul buy a new T-shirt? – ¿Se compró Paul una camiseta nueva?

¿Para qué se usa el pasado simple?

⇨ Para hablar de acciones pasadas acabadas en el pasado.
We went to the city centre yesterday – Fuimos al centro ayer

⇨ Para hablar de acciones pasadas consecutivas.
I went to the kitchen, prepared a sandwich, called my mom and told her about my day – Fui a la cocina, me preparé un sandwich, llamé a mi madre y le conté mi día

⇨ Para hablar de hábitos en el pasado.

He always bought the newspaper – Siempre compraba el periódico

Used to *para hábitos en el pasado*

Utilizaremos *used to* (traducido como 'soler') para hablar de hábitos y rutinas en el pasado. En la forma afirmativa empleamos *used to* + verbo para todas las personas; en la negativa, *didn't use to* + verbo, y en la interrogativa *did* + sujeto + *use to* + verbo. Por ejemplo:

I used to smoke a lot – Solía fumar mucho
They didn't use to go running – No solían salir a correr
Did you use to get up early? – ¿Solías levantarte temprano?

Con el pasado simple podemos utilizar expresiones y partículas temporales como *ago, yesterday, last, in,* etc.

I met Michel twenty years ago – Conocí a Michel hace veinte años
He wrote this book in 2011 – Escribió este libro en 2011

La partícula *ago* se coloca al final de la expresión temporal.

4.2 Pasado continuo

El pasado continuo coincide con la forma del pasado continuo en español: *I was eating – estaba comiendo, I was reading – estaba leyendo, they were speaking – estaban hablando*, etc.

Esta es la conjugación del verbo *be* en pasado:

AFIRMATIVA	NEGATIVA	INTERROGATIVA
I was	*I was not*	*Was I?*
You were	*You were not*	*Were you?*
He was	*He was not*	*Was he?*
She was	*She was not*	*Was she?*
It was	*It was not*	*Was it?*
We were	*We were not*	*Were we?*
You were	*You were not*	*Were you?*
They were	*They were not*	*Were they?*

Se forma con *was* o *were* + la forma en gerundio (verbo terminado en *–ing*).

I was cooking – Estaba cocinando
They were cleaning – Estaban limpiando

La forma negativa se forma con *was not (wasn't)* o *were not (weren't)* + verbo terminado en *–ing*.

You weren't watching TV – No estabas viendo la tele
He wasn't talking to you – No estaba hablando contigo

La forma interrogativa se forma con *was* o *were* + sujeto + verbo en *–ing*.

Was she doing her homework? – ¿Estaba haciendo los deberes?
Were Ann and Sam preparing dinner? – ¿Estaban Ann y Sam preparando la cena?

¿Para qué se usa el pasado continuo?

⇨ Para indicar que algo estaba sucediendo en un momento dado en el pasado.

At eight we were having dinner – A las ocho estábamos cenando

Podemos encontrar dos acciones en pasado en una misma oración. Normalmente, la acción más larga aparecerá en pasado continuo, mientras que la más corta o la que interrumpe, irá en pasado simple. Por ejemplo:

She was cooking when the children came – *Ella estaba cocinando cuando los niños llegaron*

⇨ Para indicar que algo estuvo ocurriendo aunque no tengamos límites temporales.
It was getting dark – *Estaba anocheciendo*

⇨ Para hablar de dos acciones que se estaban desarrollando al mismo tiempo.
I was watching TV while she was reading the paper – *Yo estaba viendo la tele mientras ella estaba leyendo / leía el periódico*

Cuando use el pasado simple y continuo puede emplear las mismas expresiones y partículas temporales que hemos visto para el pasado simple, a excepción de *ago*, que siempre va con pasado simple.

4.3 Presente perfecto

El presente perfecto en inglés equivale a nuestro pretérito perfecto compuesto: *I have eaten – he comido*; *you have worked – has trabajado*, etc. Aunque en inglés se llame *present*, en realidad es un tiempo de pasado. Sin embargo, existe una clara conexión con el presente, pues se trata de acciones que continúan o que tienen influencia en el presente.

Se forma con *have* o *has* + participio (verbo terminado en *–ed* o forma irregular).

I have seen the new teacher – He visto al nuevo profesor
She has studied a lot – Ha estudiado mucho

La forma negativa se forma con *have/has* + *not* (*haven't/hasn't*) + participio.

They haven't paid for the dinner – No han pagado la cena
Sam hasn't called his girlfriend – Sam no ha llamado a su novia

La forma interrogativa se forma con *have/has* + sujeto + participio.

Have they washed the car? – ¿Han lavado el coche?
Has the girl finished her homework? – ¿Ha acabado la niña sus deberes?

¿Para qué se usa el presente perfecto?

⇨ Para hablar de acciones pasadas, aunque no se sepa o no interese indicar cuándo ocurrieron.

She has worked as a shopkeeper – *Ha trabajado como vendedora*

⇨ Para acciones repetidas en el pasado. Normalmente con la expresión *many times*.

I have been in New York many times – *He estado en Nueva York muchas veces*

⇨ Para acciones que acabaron recientemente.

I have talked to him on the phone – *He hablado con él por teléfono* (la conversación terminó recientemente)

Algunas de las expresiones y partículas temporales que se usan con el presente perfecto **no son exclusivas de este tiempo verbal, sino que pueden aparecer con cualquier tiempo de perfecto e incluso con el pasado simple.**

JUST: se trata de una acción que se ha completado recientemente. En español usamos *acabar de*.

He has just left – *Se acaba de ir*

La partícula *just* se coloca entre el auxiliar *have/ has* y el participio.

NEVER: *nunca.*

I have never seen a lion – Nunca he visto un león

Never se coloca entre el auxiliar y el participio.

LATELY / RECENTLY: *últimamente* o *recientemente.*

I haven't seen my neighbor lately – No he visto a mi vecino últimamente
I have been to Argentina recently – He estado en Argentina recientemente

TODAY, THIS MORNING / AFTERNOON / EVENING / WEEK, ETC.

I have seen him today – Le he visto hoy
I have gone to the post office this morning – He ido a correos esta mañana

En el segundo ejemplo, se entiende que aún es por la mañana. Esta misma frase dicha por la tarde debería ser: *I went to the post office this morning*, puesto que la mañana ya ha acabado. Estos son algunos ejemplos más:

I have phoned my brother this afternoon – He llamado a mi hermano esta tarde

Pero veamos qué pasa si utilizamos el pasado simple:

I phoned my brother this afternoon – *Llamé a mi hermano esta tarde* (Se entiende que son más de las 17.00 cuando el periodo llamado *afternoon* acaba y comienza el atardecer, *evening*.)

EVER: para preguntar si alguna vez se ha hecho algo.

Have you ever been in India? – *¿Has estado alguna vez en la India?*
Has he ever come to your house? – *¿Ha venido él alguna vez a tu casa?*

También se emplea con superlativos, con el sentido de que jamás antes se ha hecho algo:

This is the worst film I have ever seen – *Es la peor película que jamás haya visto*
This is the easiest task I have ever done – *Es la tarea más fácil que jamás he hecho*

De la misma manera, puede usar *the first time, the second time*, etc.

It's the first time they have seen a panda – *Es la primera vez que ven un panda*

ALREADY: para decir que ya se ha hecho algo.

I have already read the book you lent me – *Ya he leído el libro que me dejaste*

Already se utiliza en oraciones afirmativas y se coloca entre el auxiliar *have / has* y el participio.

YET: en negativa cuando quiera decir *aún (no)* o *todavía (no)*, y en interrogativa para decir *ya*. Se coloca siempre al final de la frase.

I haven't finished the book yet – *No he acabado el libro todavía*
Have you seen that film yet? – *¿Ya has visto esa película?*

En lugar de *yet*, en la forma negativa también se puede utilizar *still*, colocándolo entre el sujeto y el auxiliar:

I still haven't finished the book – *Todavía no he acabado el libro*

FOR / SINCE: acompañan al presente perfecto cuando se trata de acciones que empezaron en el pasado y continúan en el presente.

I have worked as a teacher for fifteen years – *He trabajado como profesor durante quince años*

I have worked as a teacher since 2001 – He trabajado/ trabajo de profesor desde 2001

For puede aparecer también con pasado simple, cuando la acción ya ha acabado.

I worked as a teacher for ten years – Trabajé de profesor durante diez años

Si usa la estructura *it is* + periodo de tiempo + *since* para decir desde cuándo hace o no hace algo, el verbo puede aparecer en pasado simple o presente perfecto.

It's three months since I haven't seen John – Hace tres meses que no veo a John
It's three months since I (last) saw John – Hace tres meses que vi a John (por última vez)

Podría decir también lo mismo usando pasado simple + *ago*.

I saw John three months ago – Vi a John hace tres meses

HOW LONG: cuando quiera preguntar por la duración de algo.

How long have you lived in Peru? – ¿Cuánto tiempo has vivido en Perú?

4.4 Pasado perfecto

El pasado perfecto equivale a nuestro pretérito pluscuamperfecto, es decir, a las formas: *yo había leído*, *tú habías comprado*, etc.

Se forma con *had* + participio (verbo terminado en *–ed* o su forma irregular).

I had closed the window – Había cerrado la ventana

La forma negativa se forma con *had not (hadn't)* + participio.

She hadn't bought the newspaper – No había comprado el periódico

La forma interrogativa se forma con *had* + sujeto + participio.

Had you sent the email? – ¿Habías enviado el e-mail?

¿Para qué se usa el pasado perfecto?

⇨ Para referirse a acciones pasadas anteriores a otras. *When you arrived, they had just left – Cuando llegaste, acababan de irse* (En este caso, que ellos se fuesen es anterior a que llegaras.)

Con este tiempo verbal se pueden emplear las mismas partículas y expresiones de tiempo que usamos con el presente perfecto: *for*, *since*, *just*, *already*, etc.

That tree had stood in the park for a century when they cut it down – Ese árbol había estado en el parque durante un siglo cuando lo talaron
I had already tidied the room up when my mom came – Ya había ordenado la habitación cuando mi madre llegó

Además, con el pasado perfecto puede usar las siguientes expresiones y partículas temporales:

WHEN / AS SOON AS: cuando usamos *when* o *as soon as* con pasado perfecto lo hacemos para indicar que una vez que hubo acabado una de las acciones, dio comienzo otra. Veamos estos ejemplos:

When she had said our names, he sat down – Cuando hubo dicho (dijo) nuestros nombres, se sentó (Así pues, decir nuestros nombres ocurrió antes de sentarse.)

She started to speak as soon as she had finished her beer – Empezó a hablar una vez hubo acabado la cerveza (En este caso, acabar la cerveza ocurrió antes de que empezase a hablar.)

UNTIL / TILL: para indicar hasta qué momento tuvo que hacer algo.

I waited till he had read the paper – Esperé hasta que hubo leído el periódico

En inglés podemos hacer referencia al pasado usando varios tiempos verbales: pasado simple, pasado continuo, presente perfecto y pasado perfecto.

Para formar el pasado simple hay que usar verbos auxiliares para las formas negativa e interrogativa. Asimismo, debemos conocer los verbos irregulares y estudiar sus formas. Este tiempo verbal no presenta dificultades. Se usa un mismo verbo auxiliar (did) tanto para la forma negativa como para la interrogativa, con independencia de si el verbo es regular o irregular. Además, puesto que el inglés carece de todos los tiempos de pasado que posee el castellano, se utilizan fórmulas como used to cuando hablamos de rutinas pasadas: I used to study – Solía estudiar / Estudiaba.

El pasado continuo también es bastante sencillo y muy similar al español, tanto en la forma como en el uso. Se construye con el pasado del verbo to be (ser) + –ing.

El presente perfecto es parecido al español en cuanto a la forma y al uso. Puede ir acompañado de partículas temporales como already, just, yet, never, since, for, *etc. Tenga en cuenta que el matiz de la oración puede cambiar si usa dichas partículas con este tiempo verbal o con otro como, por ejemplo, el pasado simple.*

El pasado perfecto equivale a nuestro pretérito pluscuamperfecto (había sido). Se usa para hacer referencia a una acción pasada y anterior a otra, y suele usarse junto con el pasado simple.

30 MINUTOS

5. El futuro

Cuando se refiera al futuro puede usar varios tiempos verbales, según haga referencia a planes futuros, a previsiones, a acciones en desarrollo en el futuro o a acciones que en el futuro ya habrán acabado. Veamos los diferentes casos.

5.1 Futuro simple

Equivale a nuestro futuro simple: *I will go – iré; you will go – irás*, etc.
Se forma con *will ('ll)* + verbo.

I will go to the cinema – Iré al cine
She'll buy the house – Comprará la casa

La forma negativa es *will not (won't)* + verbo.

They won't sell the house – No venderán la casa
Jim will not marry Pam – Jim no se casará con Pam

La forma interrogativa es *will* + sujeto + verbo.

Will you come with us? – ¿Vendrás con nosotros?
Will they pay for the dinner? – ¿Pagarán la cena?

¿Para qué se usa el futuro simple?

⇨ Para hacer predicciones sobre el futuro.

I think it will rain – Creo que lloverá
Rafa will win the match – Rafa ganará el partido

⇨ Para ofrecimientos y para expresar determinación.

Do you have a headache? I'll give you an aspirin –
¿Te duele la cabeza? Te daré una aspirina

⇨ Para hablar de decisiones tomadas en el momento en que se habla.

It's a nice day, I'll go to the beach – Hace buen día, iré a la playa

5.2 *Be going to*

El presente continuo se puede usar para hablar de acciones futuras, y no solo en presente. La forma *be going to* se usa, por ejemplo, para hablar de planes futuros y de predicciones basadas en evidencias, especialmente cuando nos referimos a citas o acuerdos.

Se forma con el verbo *to be* en presente *(am, is, are)* + *going to* + verbo.

I'm going to clean the room – Voy a limpiar la habitación
They are going to visit their parents – Van a visitar a sus padres

La forma corta informal es *am/is/are + gonna + verbo.* Se omite el *to.*

I'm gonna visit my mother – Voy a visitar a mi madre

La forma negativa es *am/is/are + not + going to + verbo.*

She's not going to sing that song – No va a cantar esa canción
Pete is not going to come – Pete no va a venir

La forma interrogativa: *am/is/are +* sujeto *+ going to + verbo.*

Is he going to work as a waiter? – ¿Va a trabjar de camarero?
Are you going to do the course? – ¿Vas a hacer el curso?

Normalmente no se usan los verbos *go* y *come* con esta estructura. En su lugar utilizamos el presente continuo:

I'm going to the party – Voy a la fiesta
She's coming to the party – Va a venir a la fiesta

5.3 Futuro continuo

Se forma con *will be* + verbo terminado en *–ing.*

He will be reading – Estará leyendo

La forma negativa es *will not (won't) be* + verbo acabado en *–ing.*

They won't be watching TV tonight – No estarán viendo la tele esta noche

La forma interrogativa es *will* + sujeto + *be* + verbo acabado en *–ing.*

Will you be working tomorrow? – ¿Estarás trabajando mañana?

¿Para qué se usa el futuro continuo?

⇨ Para hablar de acciones que estarán desarrollándose, o no, en el futuro.

Tomorrow at nine I will be working – Mañana a las nueve estaré trabajando

They won't be working this time next week – No estarán trabajando a esta hora la semana que viene

5.4 Futuro perfecto

Equivale a nuestro futuro perfecto: *I will have gone –
habré ido.* Se forma con *will have* + participio.

*I will have finished work by ten o'clock – Habré acabado
el trabajo para las diez*

La forma negativa es *will not (won't) + have +*
participio.

*She won't have arrived at eight – No habrá llegado a las
ocho*

La forma interrogativa es *will* + sujeto + *have* +
participio.

*Will you have finished when they come? – ¿Habrás
acabado cuando lleguen?*

Suele ir acompañado de referencias temporales:
*in the year…, next week/month/year, the day after
tomorrow, soon, in the future, this time next…, by 8.30…*

¿Para qué se usa el futuro perfecto?

⇨ Para hablar de acciones que habrán acabado en el futuro y que, normalmente, son suposiciones o presunciones.

I will have read the book next month – *Habré leído el libro para el mes que viene* (Es decir, que el mes que viene ya habré acabado de leer.)

*Los tiempos de futuro en inglés son bastante pa-
recidos al español en cuanto al uso. Recuerde que
necesita verbos auxiliares para construir algunos
tiempos, como el futuro simple y continuo (*will*)
en forma afirmativa, negativa o interrogativa;
además del* have *para construir el futuro perfecto
simple y continuo.*

*Los usos son idénticos en inglés y en español,
a excepción de cuando haga un ofrecimiento, en
cuyo caso en español no se suele usar el futuro
simple sino la perífrasis* ir a + *infinitivo. En inglés
esta perífrasis se traduce por la forma* be going
to, *que se emplea para hablar de planes, de predicciones basadas en evidencias, etc.*

*El futuro continuo es muy sencillo. Se forma
siempre con* will be + *el verbo terminado en* –ing,
*y se usa para hablar de acciones que en un futuro
estarán en desarrollo.*

El futuro perfecto se forma con will + have +
*participio y se emplea para hablar de acciones
que, en un momento específico del futuro, ya
habrán acabado.*

30 MINUTOS

6. El imperativo

Dar órdenes, consejos o sugerencias usando el imperativo es realmente sencillo. A diferencia del español, el inglés carece de inflexiones, de modo que tan solo se necesita el auxiliar *don't* para el imperativo negativo, o partículas como *let's* para la primera persona del plural *(nosotros)*.

El imperativo se usa para dar órdenes, sugerir o aconsejar. En inglés, como en español, solo tiene forma afirmativa y negativa, pero a diferencia del español posee una única forma para todas las personas.

En afirmativo se forma con el infinitivo sin *to*. Tenga en cuenta, además, que el imperativo nunca lleva sujeto.

Open the door – Abre la puerta
Sit down – Siéntate

En negativo es *do not (don't)* + infinitivo sin *to*.

Don't speak – No hables
Don't drink alcohol – No bebas alcohol

El verbo *to be* también se usa en la forma negativa del imperativo con el auxiliar *do not*. Por ejemplo:

Don't be late – No llegues tarde
Don't be so cruel – No seas tan cruel

La forma let's

Hemos visto cómo dar una orden a alguien, pero ¿cómo se da una orden, se hace una sugerencia, etc. a dos o más personas?

Si se trata de *vosotros (you),* la manera de hacerlo es similar a como usaría el imperativo con *tú (you).*

Say your names – Decid vuestros nombres

Wait – Esperad (El contexto nos aclarará si nos dirigimos a una o varias personas.)

Para incluirse en la orden puede usar la estructura *let's (let us).* En la forma afirmativa es *let's* + infinitivo sin *to.*

Let's wait for Jim – Esperemos a Jim
Let's start – Empecemos

En la forma negativa es *let's* + *not* + infinitivo sin *to.*

Let's not tell the teacher – No se lo digamos al profesor

A veces el uso del imperativo puede transmitir cierta rudeza. Para evitarlo pueden utilizarse palabras como *please*, o bien el modal *could*, que veremos en el siguiente capítulo.

El imperativo en inglés se usa igual que en español: para dar órdenes, hacer sugerencias, aconsejar, etc. No presenta grandes dificultades, ya que utiliza la misma forma verbal para todas las personas en la afirmación y en la negación. Para incluirnos a nosotros mismos dentro de la orden o sugerencia utilizamos let´s (let us). *El uso del imperativo puede resultar un poco rudo; recuerde que puede suavizar lo que dice con un* please *o bien usando otras fórmulas, como por ejemplo el modal* could.

30

30 MINUTOS

7. Los verbos modales

Los **verbos modales** no poseen todos los tiempos verbales y presentan una única forma para todas las personas. Por ejemplo:

I can – Yo puedo
He can – Él puede
We can – Nosotros podemos

¿Qué características presentan los verbos modales?

Estas son las características comunes a todos los verbos modales:

• No llevan –*s* de 3.ª persona.

She can – Ella puede

• Van seguidos de infinitivo sin *to* (a excepción de *ought to* y *have to*).

I must leave – Debo irme

- No necesitan auxiliares para la forma negativa ni la interrogativa. Forman la negación añadiendo *not*.

  You should not smoke – No deberías fumar

- Pueden contraer la partícula *not*.

  Can't, couldn't, mustn't, shouldn't, etc.

- Forman la interrogación invirtiendo el orden habitual de sujeto – auxiliar.

  May I help you? – ¿Puedo ayudarle?

- No forman tiempos continuos (no tienen forma en *–ing*), ni perfectos (no tienen participio).

Decimos que *have to (tener que)* es un verbo semi–modal porque lleva *–s* de 3.ª persona, necesita auxiliares para formar la interrogación y la negación y, además, tiene formas de pasado.

¿Para qué sirven los verbos modales?

Un mismo verbo modal puede servir para expresar habilidad, permiso, deducciones, etc. Veamos estos usos y qué verbos sirven para expresarlos.

⇨ Para expresar habilidad, conocimiento o capacidad física.

CAN: habilidad o capacidad en presente:

I can play the violin – Puedo / sé tocar el violín
He cannot read – No puede / sabe leer

COULD: habilidad o capacidad en pasado:

When she was five, she could play the guitar – Cuando tenía cinco años, podía / sabía tocar la guitarra
I could read at the age of three – Sabía / podía leer a la edad de tres años

BE ABLE TO: para hablar de habilidad en el futuro, o cuando no podamos usar las formas de *can* o *could*.

You will be able to read soon – Podrás leer pronto
I'd like to be able to skate – Me gustaría poder patinar

Para hablar de la habilidad de hacer algo concreto en una situación pasada específica, es más común usar *was / were able to* que *could* (afirmativa). Por ejemplo:

I couldn't open the door but after twenty minutes I was able to get in – No podía abrir la puerta pero después de veinte minutos pude entrar

⇨ Para expresar posibilidad.

CAN: posibilidad con referencia al presente.

I have nothing to do so I can go with you – No tengo nada que hacer así que puedo ir contigo

COULD: posibilidad un poco más remota que con *can*. Hace referencia a posibilidades futuras.

We could go to the concert if we finished early – Podríamos ir al concierto si acabásemos pronto

MAY: posibilidad remota.

It may rain – Puede que llueva

MIGHT: posibilidad remota. Puede usar *may* y *might* indistintamente, aunque *might* expresa una posibilidad aún más remota que *may.*

It might snow in Valencia, but I doubt it – Puede que nieve en Valencia, pero lo dudo

⇨ Para pedir y dar permiso.

CAN: para pedir y dar permiso en presente.

Can I go with you? – ¿Puedo ir contigo?
You can leave at 8.00 – Puedes irte a las 8.00

COULD: para peticiones un poco más formales que con *can*.

Could I go with you? – *¿Podría ir contigo?*

MAY: para pedir y dar permiso de una manera más formal que *can* y *could*.

May I come in? – *¿Puedo pasar?*
You may leave if you wish – *Puede irse si lo desea*

⇨ Para expresar prohibiciones.

CANNOT, CAN'T: en forma negativa puede usarse para expresar prohibiciones.

You can't smoke here – *No puedes / no se puede fumar aquí*

MUST NOT: se usa exclusivamente para expresar-prohibiciones.

You mustn't open that door – *No debes abrir esa puerta*

⇨ Para hacer deducciones o especulaciones.

CAN'T: en forma negativa se usa para hacer deduc-ciones en presente.

It's 10.00, they can't be at home – *Son las 10.00, no pue-den estar en casa* (Probablemente a esa hora están trabajando.)

MAY: para hacer especulaciones en presente.

They are not at home, they may be on holiday – No están en casa, puede que estén de vacaciones

MIGHT: al igual que *may*, se usa para hacer especulaciones en presente.

He might be earning a lot of money – Puede que esté ganando mucho dinero

MUST: para hacer deducciones en presente.

He must be out because the light is off – Debe de estar fuera porque la luz está apagada

⇨ Para hacer ofrecimientos y peticiones.

CAN: para ofrecimientos en presente, normalmente en forma de interrogación.

Can I help you? – ¿Puedo ayudarte?

COULD: para peticiones más formales.

Could I do it for you? – ¿Podría hacerlo por ti?

MAY: se usa de la misma manera que *can* y *could*, pero es mucho más formal.

May I help you? – ¿Puedo ayudarle?

SHOULD: para hacer peticiones u ofertas cuando el sujeto es *I* o *we*.

Should I close the window? – ¿Cierro la ventana?
Should we go to the cinema? – ¿Vamos al cine?

En ingles británico es más usual encontrar la partícula *shall* en estos casos.

WILL: para hacer peticiones, siempre y cuando el sujeto no sea *I* o *we*.

Will you pass me that book, please? – ¿Me pasas ese libro, por favor?

También se puede utilizar la fórmula *would you like to...?* para hacer ofrecimientos.

Would you like to come with us? – ¿Te gustaría venir con nosotros?

⇨ Para expresar obligaciones.

MUST: para obligaciones morales (aquellas que dependen de uno mismo y a las que nadie le obliga).

My friend is in hospital, I must visit her – Mi amiga está en el hospital, debo ir a visitarla

También se emplea para redactar reglas y leyes, normalmente en un contexto formal.

Motorists must not exceed 120 kph – Los motoristas no deben exceder los 120 km/h

HAVE TO: se trata de una obligación o norma impuesta.

You have to wear a helmet to ride a motorbike – Tienes que ponerte casco para conducir una moto

⇨ Para dar consejos.

MUST: para aconsejar que no hay que perderse algo.

If you go to Paris, you must visit Notre Dame – Si vas a París debes visitar Notre Dame

SHOULD / OUGHT TO: ambos se usan para aconsejar, aunque el más común es *should*, ya que *ought to* está cayendo en desuso.

You should/ought to go to the dentist – Deberías/ tendrías que ir al dentista

También pedimos consejo utilizando *should:*

Should I call him? – ¿Debería llamarle?

⇨ Para expresar falta de necesidad u obligación.

DON'T HAVE TO: el modal *have to* en su forma negativa indica que algo no es necesario.

You don't have to stay if you have something to do – No tienes que quedarte si tienes algo que hacer

DON'T NEED TO: esta forma del verbo *need*, en negativo, expresa también que algo no es necesario, o que no hay obligación de hacerlo.

You don't need to go to the supermarket, we have enough food – No hace falta que vayas al supermercado, tenemos suficiente comida

En inglés británico es más común la forma *needn't*:

You needn't go to the supermarket – No hace falta que vayas al supermercado

Los verbos modales se usan fundamentalmente para expresar gran variedad de mensajes: para pedir permiso, expresar obligación, necesidad, consejo, etc. Al no tener más que una única forma para todas las personas, su aprendizaje y uso es bastante sencillo. Recuerde estudiar el matiz en cuanto a formalidad de algunos de ellos para no caer en errores de estilo y registro.

Tabla de verbos irregulares

INFINITIVO	PASADO SIMPLE	PARTICIPIO	ESPAÑOL
be	was/were	been	ser/estar
beat	beat	beaten	golpear/batir
become	became	become	llegar a ser, convertirse
begin	began	begun	empezar
bend	bent	bent	doblar
bet	bet	bet	apostar
bite	bit	bitten	morder
bleed	bled	bled	sangrar
blow	blew	blown	soplar
break	broke	broken	romper
bring	brought	brought	traer
build	built	built	construir
burn	burned*	burned*	quemar
buy	bought	bought	comprar
catch	caught	caught	tomar/atrapar
choose	chose	chosen	elegir
come	came	come	venir

INFINITIVO	PASADO SIMPLE	PARTICIPIO	ESPAÑOL
cost	cost	cost	costar
cut	cut	cut	cortar
dig	dug	dug	cavar
do	did	done	hacer
draw	drew	drawn	dibujar
dream	dreamed*	dreamed*	soñar
drink	drank	drunk	beber
drive	drove	driven	conducir
eat	ate	eaten	comer
fall	fell	fallen	caer
feed	fed	fed	alimentar
feel	felt	felt	sentir
fight	fought	fought	luchar
find	found	found	encontrar
fly	flew	flown	volar
forget	forgot	forgotten	olvidar
forgive	forgave	forgiven	perdonar
freeze	froze	frozen	helar
get	got	gotten/got	obtener/conseguir
give	gave	given	dar

INFINITIVO	PASADO SIMPLE	PARTICIPIO	ESPAÑOL
go	went	gone	ir
hang	hung	hung	colgar
have	had	had	tener/haber
hear	heard	heard	oír
hide	hid	hidden	esconder
hit	hit	hit	golpear
hold	held	held	abrazar
hurt	hurt	hurt	herir
keep	kept	kept	guardar/mantener
know	knew	known	saber/conocer
lay	laid	laid	extender
lead	led	led	dirigir
lean	leaned*	leaned*	apoyar, inclinar
learn	learned*	learned*	aprender
leave	left	left	irse/abandonar
lend	lent	lent	prestar
let	let	let	permitir
lie	lay	lain	tumbarse

INFINITIVO	PASADO SIMPLE	PARTICIPIO	ESPAÑOL
light	lit	lit	encender
lose	lost	lost	perder
make	made	made	hacer
mean	meaned*	meaned*	querer decir
meet	met	met	encontrarse
pay	paid	paid	pagar
put	put	put	poner
quit	quit	quit	dejar/ parar de
read	read	read	leer
ride	rode	ridden	montar/ cabalgar
ring	rang	rung	llamar/ hacer sonar
rise	rose	risen	subir
run	ran	run	correr
say	said	said	decir
see	saw	seen	ver
sell	sold	sold	vender
send	sent	sent	enviar
set	set	set	establecer/ fijar

INFINITIVO	PASADO SIMPLE	PARTICIPIO	ESPAÑOL
shake	shook	shaken	sacudir
shine	shone	shone	brillar
shoot	shot	shot	disparar
shrink	shrank	shrunk	encoger
shut	shut	shut	cerrar
sing	sang	sung	cantar
sink	sank	sunk	hundirse
sit	sat	sat	sentarse
sleep	slept	slept	dormir
slide	slid	slid	deslizar
smell	smelled*	smelled*	oler
speak	spoke	spoken	hablar
spell	spelled*	spelled*	deletrear
spend	spent	spent	gastar
spin	spun	spun	girar
stand	stood	stood	ponerse de pie
steal	stole	stolen	robar
stick	stuck	stuck	clavar/pegar
sting	stung	stung	picar

INFINITIVO	PASADO SIMPLE	PARTICIPIO	ESPAÑOL
swear	swore	sworn	jurar
sweep	swept	swept	barrer
swim	swam	swum	nadar
take	took	taken	tomar/ llevarse
teach	taught	taught	enseñar
tear	tore	torn	rasgar
tell	told	told	decir/ contar
think	thought	thought	pensar
throw	threw	thrown	lanzar
understand	understood	understood	entender
wake	woke	woken	despertar
wear	wore	worn	llevar puesto
win	won	won	ganar
wind	wound	wound	soplar
write	wrote	written	escribir

Los verbos marcados (*) se consideran verbos regulares. No obstante, los hemos incluido en esta tabla porque en inglés británico, el pasado y el participio se construyen de forma irregular.

Guía rápida

¿Qué es un verbo auxiliar?

En inglés se necesita un verbo auxiliar para formar los diferentes tiempos en forma negativa e interrogativa, así como los tiempos de futuro. Además, se utiliza el verbo to be como auxiliar (am, is, are, was, were) para formar los tiempos continuos. También debe usar este verbo para describir aspectos básicos de la realidad: estados, personalidad, edad, etc.; o para comunicar cuestiones como la hora o el precio. Combinado con there sirve para describir qué hay en un lugar. Por su parte, el auxiliar have (have, has, had) sirve para formar los tiempos perfectos y, como ocurre con todos los auxiliares, se usa para responder con fórmulas cortas. Es importante no confundir have como verbo auxiliar, con have verbo ('tener' o 'poseer').

Los auxiliares do (presente simple), does (presente simple, 3.ª persona del singular) y did (pasado simple) sirven no solo para formar las oraciones negativas e interrogativas en dichos *tiempos, sino, además, para enfatizar y evitar repetir una frase en la respuesta.*

Por otro lado están los verbos auxiliares mo-
dales (can, could, be able to, may, might, must,
have to, will, shall, should, ought to, needn't)
*que siempre presentan la misma forma, a excep-
ción de* be able to *y* have to, *y que van seguidos
de infinitivo sin* to. *Estos verbos modales son
fundamentales para expresar gran variedad de
mensajes: habilidad, permiso, obligación, necesidad, consejo, etc. Es importante estudiar el
matiz en cuanto a formalidad de alguno de ellos
para no caer en errores de estilo y registro.*

¿Qué tiempo verbal se debe usar para hablar en presente?

*Para hacer referencias a hábitos en el presente,
rutinas, verdades universales u horarios use el
presente simple. Puede ir acompañado de expresiones como* always, usually, sometimes, occa-
sionally, never, hardly ever *u otras que indiquen
frecuencia, como* twice a month *o* every Sunday,
*por ejemplo. Para formar el presente simple tan
solo ha de tener en cuenta que la 3.ª persona del
singular añade* –s / –es *y que necesitará los auxiliares* do / does *para hacer preguntas o para
negar.*

Para hablar de acciones que ocurren en el momento en el que habla, utilice el presente continuo. Use el verbo to be *en la forma correspondiente y añada el verbo terminado en –ing, que corresponde a nuestras terminaciones –ando, –iendo del gerundio.*

Del mismo modo, para hacer referencia a acciones que se encuentran en desarrollo, se utiliza el presente continuo.

¿Qué tiempo verbal se debe usar para hablar en pasado?

Para la mayoría de las acciones en pasado use el pasado simple. Tenga en cuenta que debe distinguir entre verbos regulares e irregulares, ya que cada uno de estos últimos posee una forma propia para el participio. Se usa un mismo auxiliar (did) *tanto para la forma negativa como para la interrogativa, sin que importe si el verbo es regular o irregular. Además, puesto que el inglés carece de todos los tiempos de pasado, debe utilizar fórmulas como* used to *para todas las personas cuando hable de rutinas pasadas.*

Cuando necesite aclarar si una acción concreta estaba en desarrollo en el pasado, utilice el pasado continuo: was / were + –ing.

Si, por el contrario, quiere indicar que una acción empezó en el pasado y continúa en el presente, el tiempo verbal que debe usar es el presente perfecto, acompañado por una expresión de tiempo que indique la duración o el momento en el que la acción comenzó (for, since).

Para hacer referencia a una acción pasada anterior se usa el pasado perfecto. De la misma manera, se puede usar el pasado perfecto con una expresión de tiempo que indique su duración. Utilice expresiones como never, ever, just, already, yet, since *o* for *con los tiempos perfectos.*

¿Qué tiempo verbal se debe usar para hablar en futuro?

Si quiere hablar de decisiones tomadas en el momento de hablar o hacer predicciones sobre el futuro, utilice el futuro simple (will + verbo).

Si quiere hablar de planes futuros o predicciones basadas en evidencias, puede utilizar la fórmula be going to.

Para hablar de acciones que estarán en pleno desarrollo en el futuro, utilice el futuro continuo, mientras que para hacer referencia a acciones que ya habrán acabado en un punto en el futuro debe usar el futuro perfecto.

Recuerde que para hablar de planes y de acuerdos futuros, puede además utilizar el presente continuo.

¿Qué tiempo verbal se debe usar para dar órdenes?

Puede dar órdenes o hacer advertencias usando el imperativo en forma afirmativa simplemente utilizando la forma base del verbo, y para negaciones con el auxiliar don't *+ verbo. Recuerde que el uso del imperativo puede en ocasiones resultar un poco rudo, y que puede suavizar lo que dice con un* please, *o bien usando otras fórmulas como el modal* could, *por ejemplo.*

Si queremos incluirnos a nosotros mismos en la orden que damos, se debe usar la partícula let's *para la primera persona del plural. Por ejemplo:* let's go—vayamos.

Bibliografía complementaria

- BEYER JR., T. R.: *501 English Verbs,* Barron's Language Guide, 2013.

- THOMSON, A. J. y MARTINET A. V.: *A Practical English Grammar,* Oxford University Press, 1996.

- *Verbos ingleses: Guía práctica*, Larousse, 2003.

- RECURSOS DIGITALES: learnenglish.britishcouncil.org/en/english-grammar/verbs

Índice temático

Notas

Notas

Títulos de la colección 30 Minutos

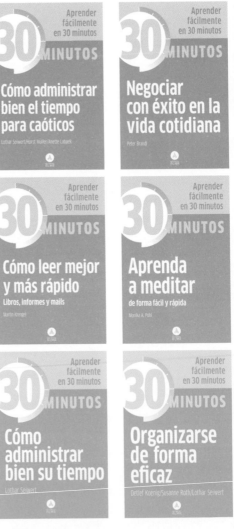

Aprender fácilmente en 30 minutos

Vender más
Técnicas para cerrar buenas ventas
Peter Mohr

Aprender fácilmente en 30 minutos

Superar el estrés
Soluciones para vivir mejor
Antony Pedrigotti

Aprender fácilmente en 30 minutos

Cómo motivar
Un método práctico y rápido
Reinhard K. Sprenger

Aprender fácilmente en 30 minutos

Inteligencia emocional
La clave para el éxito profesional
Jörg Wurzer

Aprender fácilmente en 30 minutos

Hablar bien en público y en privado
Peter Heigl

Aprender fácilmente en 30 minutos

Lenguaje corporal
Saber lo que piensan los demás en el trabajo
Monika Matschnig

Aprender fácilmente en 30 minutos

Self-coaching
Mejorar el rendimiento en el trabajo
Stefanie Demann

Aprender fácilmente en 30 minutos

Estúpidos: manual de doma
Cómo trabajar con gente insoportable
Ginte Hartze

Aprender fácilmente en 30 minutos

Vivir positivamente
Guía práctica para conseguirlo
Roger Johnson

Aprender fácilmente en 30 minutos

30 MINUTOS

Interpretar los sueños
para conocerse mejor uno mismo

Samantha Brown

Aprender fácilmente en 30 minutos

30 MINUTOS

El placer de dormir bien
Claves y trucos para lograrlo

Anna Jennings

Aprender fácilmente en 30 minutos

30 MINUTOS

Manual práctico: verbos en inglés

María Luisa Millán

Aprender fácilmente en 30 minutos

30 MINUTOS

Juegos de ingenio
para conseguir una mente brillante

Jorge Cantero